AF340004

L'ORGANISATION

DU

SUFFRAGE UNIVERSEL

PAR

A. VÉZIAN

Rédacteur en chef de la *Démocratie franc-comtoise*

Prix : 50 cent.

EN VENTE :

<table>
<tr><td>Aux bureaux et à l'imprimerie du journal,
Grande-Rue, 6 et 21</td><td>Chez M. ALEXANDRE,
libraire,
rue des Chambrettes. 8</td></tr>
</table>

BESANÇON

IMPRIMERIE, M. ORDINAIRE ET Cie GRANDE-RUE, 6

1882

DE L'ORGANISATION

DU

SUFFRAGE UNIVERSEL

I

Il est incontestable que la République traverse une période de malaise. Le désarroi est partout, le parti est divisé en fractions antagonistes. Les aigres compétitions des coteries ou des personnalités ont fait perdre quelque peu de vue le principe et le but du régime démocratique. Peut-être les factions monarchiques ont elles été anéanties trop prématurément : la disparition de tout danger immédiat a fait croire à nos hommes politiques qu'ils pouvaient sans rien compromettre se lancer mutuellement l'excommunication.

La polémique s'envenimant, les personnalités, les récriminations et les menaces ont désavantageusement remplacé les discussions de méthodes politiques. Des divers camps du parti républicain est partie, à la grande joie de la réaction agonisante, une mitraille de *petits papiers* et de délations le plus souvent calomnieuses.

Le suffrage universel, étonné, désorienté, puis scandalisé de ces querelles inattendues, s'est peu à peu abandonné. Les électeurs se sont éloignés des urnes, des élections municipales n'ont pu avoir lieu, faute de votants.

C'est de cette indifférence des masses que provient le véritable danger de la situation.

Il ne faut pas que le peuple, qui a conquis la République à travers de rudes et de sanglantes épreuves, se désintéresse de sa conquête.

Il ne faut pas que la République, manquant à ses promesses, meure de l'indifférence des uns, des coups que lui portent les autres, dans l'entraînement de polémiques aveugles.

Voilà bien le mal et le danger. Mais où trouver le préservatif ?

— Dans le suffrage universel lui-même.

Que le suffrage populaire reprenne possession de ses moyens et de sa souveraineté, au lieu de s'abandonner : tout danger disparaîtra, la République, un instant stationnaire, reprendra pour ne plus s'arrêter sa marche vers la liberté, vers le progrès.

C'est, en effet, à la mauvaise organisation, ou, pour mieux dire, à l'absence d'organisation du suffrage populaire, qu'il convient d'attribuer le désarroi actuel, les divisions du parti.

Les élus à tous les degrés ne sont pas assez visiblement les élus directs, véritables, incontestables du suffrage universel ; aussi sont-ils contestés : première cause de division.

La discipline n'étant plus imposée par les menaces immédiates de la réaction, se relâche d'abord, pour disparaître entièrement ; non pas cette discipline aveugle, supprimant toute contradiction, tout débat, dont l'esprit est absolument opposé au principe républicain, — et dont nous ne voulons plus, — mais la discipline impliquant la courtoisie et la sincérité dans la discussion, l'exclusion du désordre, la défense de tirer sur les troupes républicaines dont la direction ou l'allure nous déplairaient.

Comment les élections se sont elles faites jusqu'à présent ? Quelques notabilités, les réunions républicaines, les journaux ont pris l'initiative, dressé les listes, discuté les candidats.

D'autres fois, les candidatures ont été spontanées.

Loin de nous l'idée de critiquer ce système ; en l'absence de toute organisation, les cercles, les personnalités qui se dévouaient pour éclairer les masses, pour leur indiquer des candidats acceptables, ont rendu à la République d'inoubliables services.

Mais la situation a changé. Le suffrage universel a terminé son noviciat : il peut et il doit prendre lui-même la direction de ses propres affaires.

Aussi doit-on rechercher un système électoral permettant au suffrage universel, dans la mesure du possible, de désigner lui-même ses candidats, abstraction faite des influences de personnes, de journaux ou de cercles.

Sans doute, l'idéal, là comme ailleurs, n'est pas de ce monde — à supposer qu'il soit d'un autre. Mais on peut du moins en approcher : la preuve est qu'une organisation semblable existe, qu'elle fonctionne depuis de longues années, qu'elle a fait triompher la République à Lyon dans les moments de danger et de trouble.

C'est cette organisation lyonnaise que nous nous proposons de vulgariser dans notre ville, en invitant tous les républicains, sans distinction de nuances, à nous prêter leur concours.

Seule, cette organisation peut rendre au parti l'union et la force nécessaires, seule elle peut mettre fin aux compétitions de personnes, en substituant à toutes les influences l'autorité du suffrage universel lui-même.

Nous l'avons vu fonctionner au 16 mai, alors que nous dirigions le *Progrès de*

Lyon, — nous avons été à même d'apprécier la valeur de ce système réellement démocratique.

Le jour où la France républicaine entière l'aura adopté, un pas énorme sera accompli, et la souveraineté nationale, de fiction qu'elle est aujourd'hui, deviendra une réalité.

Nous nous proposons dans cet opuscule d'exposer ce mécanisme, aussi simple qu'admirable. Une pareille organisation ne s'improvise pas : il faut du temps et des efforts pour la mener à bonne fin. Aussi les républicains ne doivent-ils pas attendre, pour l'entreprendre, la veille des élections.

C'est pendant le repos électoral, que les citoyens doivent se grouper, *s'ordonner* à loisir, sans trouble ni précipitation, s'ils veulent échapper au gâchis, aux intrigues, à la main-mise de quelques ambitieux qui, eux, sont toujours organisés, toujours prêts à profiter du désarroi des masses.

II

Livré aux intrigues, aux ambitions
de personnes ou de coteries, le suffrage
universel est exposé à commettre des
erreurs, qu'il reconnaît trop tard. A la
suite de déceptions réitérées, il s'irrite
d'abord, il se décourage ensuite.

Irrité, il fait des élections de protes-
tation, de représailles, il oppose les personnalités aux personnalités, au détri-
ment des intérêts républicains.

Ainsi engagée, la lutte électorale dé-
génère en cohue. Les hommes sensés,
dévoués, mais ennemis des manifesta-
tions bruyantes et stériles, se tiennent
à l'écart. L'arène est envahie par une
foule désordonnée, dédaigneuse des principes, uniquement préoccupée de faire
triompher, avec ses candidats, ses ran-

cunes et ses appétits. Les coteries en viennent aux mains, les ambitions et les passions surexcitées ne s'arrêtent plus au choix des moyens. Il faut vaincre à tout prix, dût-on, pour décrocher la timbale, éclabousser la République et bousculer les républicains les plus respectables.

Le suffrage universel, lui, regarde, spectateur attristé. Il s'efforce de saisir, au milieu des vociférations, des imprécations et des menaces, quelques indications utiles, pour éclairer son vote. Déconcerté, il vote un peu au hasard, ou il s'abstient. L'indifférence ne tarde pas à naître, le nombre des votants décroît avec une effrayante rapidité.

C'est là que nous en sommes.

III

L'organisation lyonnaise réduit à néant
les intrigues, les agitations de coteries,
elle repousse brutalement dans le rang
les ambitions impatientes, que d'ina-
vouables convoitises personnelles exci-
tent bien plus qu'un prétendu dévouement à la République. Grâce à elle, le
peuple lui-même est appelé à discuter
directement les candidatures, il délègue
à des citoyens régulièrement désignés le
soin de sonder ses candidats, d'étudier
leur passé et leurs titres. Il soumet les
élus à la surveillance permanente des
électeurs, il établit, entre mandataires
et mandants, des rapports directs, sans
interruption. Enfin, il prend contre les
défections possibles des garanties aussi
efficaces que le permet la législation actuelle.

N'est-ce pas là une organisation modèle ?

Après en avoir exposé les avantages, nous allons entrer dans quelques développements relatifs à sa constitution et à son fonctionnement.

IV

A la base de l'organisation, nous trouvons les GROUPES, c'est-à-dire le suffrage universel lui même.

Les électeurs républicains de la circonscription électorale sont répartis dans un certain nombre de groupes, composés chacun de dix citoyens.

Si la circonscription renferme, par exemple, douze mille républicains, le nombre des groupes sera de douze cents.

Comment se forment les groupes ? — Par affiliation.

Un ou plusieurs citoyens prennent l'initiative de la formation d'un groupe. Tant que le nombre réglementaire de dix électeurs n'est pas complété, les adhésions sont reçues. Avant d'admettre un nouvel adhérent, les commissaires du groupe se livrent à une enquête sur le passé, sur les opinions politiques du candidat. Si son républicanisme et son honorabilité sont hors de toute contestation, l'admission est prononcée.

Chaque groupe est désigné par un numéro d'ordre, le premier formé prenant le numéro 1, le deuxième le numéro 2, et ainsi de suite.

Le groupe, une fois formé, conserve son numéro d'ordre, quels que soient les remaniements qui peuvent se produire dans son sein.

Nous exposons ici les principes d'une organisation complète, en admettant que tout est à créer, — ce qui est le cas à Besançon et dans le département du Doubs. Lorsque l'organisation fonctionne, toute demande de formation d'un groupe nouveau doit être soumise au COMITÉ CENTRAL, dont il sera question plus loin. Le Comité accorde ou refuse l'autorisation, d'après les garanties de républicanisme offertes par les signatures des postulants.

S'il est question, comme c'est ici le cas, de créer cette organisation de toutes pièces, c'est aux républicains connus qu'incombe la tâche de former les groupes. Ils sont les noyaux autour desquels viendront se grouper leurs amis. Leur vigilance doit s'exercer, non-seulement sur le groupe qu'ils forment, mais sur la composition des groupes voisins, afin de prévenir ou de dénoncer toute intrusion suspecte.

Bien entendu, les questions de nuances n'existent plus. Tout citoyen, pourvu qu'il soit républicain et honnête, a le droit de demander son affiliation au groupe de son choix, et, dans le cas d'un refus, exprimé à la majorité des suffrages, d'en référer au *Comité central* ou même de demander audit Comité l'autorisation de prendre l'initiative de la formation d'un groupe.

Le Comité prononce souverainement, après enquête.

C'est par les groupes, embrassant sans exclusion toute la démocratie d'une circonscription, — c'est-à-dire par le suffrage universel lui-même, que se fait le choix et la discussion des candidats. Le rôle du *Comité d'arrondissement* et du Comité central, émanés eux mêmes des groupes, se borne à assurer le succès des candidats désignés par les groupes et à surveiller la police de l'élection.

C'est également par les groupes que la démocratie forme une caisse électorale et s'assure le nerf de la guerre. Voici comment :

Le jour de son affiliation à un groupe, tout citoyen, outre un droit d'entrée, s'engage à verser mensuellement une cotisation déterminée, très minime d'ailleurs, — de vingt-cinq à cinquante centimes. Ces cotisations, versées par le chef de chaque groupe dans la caisse centrale, sont destinées à subvenir à tous les frais des élections et au fonctionnement de l'organisation elle-même.

Inutile d'ajouter qu'en vertu du principe démocratique, les candidats librement désignés par les groupes n'ont à supporter aucun frais. De cette façon, les mandats des divers degrés sont accessibles à tous, et il n'est plus nécessaire, pour se présenter à la députation, de disposer de quelques billets de mille francs. Les plus pauvres, pourvu qu'ils en soient dignes, peuvent être portés sur les listes, sans avoir à s'occuper de rien.

Les groupes forment, ainsi que nous l'avons déjà dit, la base de l'organisation électorale modèle que nous recommandons à la démocratie franc-comtoise. Toute initiative vient d'eux, les comités d'arrondissement, comme le *Comité central*, qui en émanent par voie de délégation directe, ne sont que des comités exécutifs.

Avec les groupes, les influences de personnalités, de réunions, de cercles et de coteries sont supprimées. Un pouvoir dictatorial peut anéantir la liberté de la presse, confisquer les journaux, traquer les défenseurs des libertés publiques : l'organisation fonctionne quand même, elle exerce sa démocratique influence, dans toute sa plénitude. Merveilleux instrument pour dérouter les violences, elle ne rend pas des services moins signalés sous les régimes honnêtes qui respectent la liberté électorale.

C'est ce que nous nous proposons de démontrer dans le prochain chapitre, en complétant l'explication du système.

V

Maintenant que les *groupes* sont formés, nous allons montrer comment se fait l'élection.

Dès que la convocation officielle a paru, chaque groupe se réunit, sur l'invitation de son chef. Dix personnes peuvent facilement s'entendre pour le lieu et l'heure d'une convocation : de ce côté, aucun empêchement.

Pendant le 24 et le 16 Mai, les groupes lyonnais se réunissaient sur un quai, dans une promenade publique, aux environs de la ville : la police ombrageuse des Ducros et des Valavielle fut impuissante à les traquer.

Dès la première réunion, on cause de l'élection, on propose et on discute les candidatures. Après le débat, qui peut occuper plusieurs séances, on vote sur les candidatures proposées : le candidat qui obtient la majorité est le candidat du groupe.

Cela fait, chaque groupe désigne, toujours au scrutin, celui de ses membres qui sera délégué au Comité d'arrondissement, avec mandat de porter à la connaissance du Comité le candidat agréé.

Lorsque tous les groupes se sont livrés à ce travail, les délégués des fractions primaires se réunissent en assemblée plénière, qui devient le COMITÉ D'ARRON-DISSEMENT. Dans le cas de 1,200 groupes, comprenant 12,000 électeurs, ce Comité est formé de 120 membres.

Les membres du Comité d'arrondisse-ment déposent chacun dans l'urne le nom du candidat de leur groupe respectif. Ce scrutin, aussitôt dépouillé, fait connaître le nom du CANDIDAT DÉFINITIF.

Ouvrons ici une parenthèse, pour insister sur l'inappréciable avantage de l'organisation. Le candidat se trouve désigné en dehors de toute influence de personne, de coterie ou de journal. L'intrigue, les manœuvres sont déjouées, les

beaux parleurs et les faiseurs de pro·
messes n'ont pu exercer leur faconde et
jeter de la poudre aux yeux des gens
naïfs. Les électeurs ont tout fait par
eux-mêmes, ils ont discuté entre eux,
en famille, les hommes et les pro·
grammes. Si leurs choix sont mauvais,
ils ne s'en prendront qu'à eux-mêmes.

Une fois le candidat proclamé, le
Comité d'arrondissement choisit dans
son sein les vingt citoyens qui auront
pour mission de conduire à bonne fin
l'œuvre entreprise : c'est le COMITE
CENTRAL, dont le rôle va commen·
cer.

VI

Avant de se séparer, les membres du
Comité d'arrondissement ont résumé les
impressions et les vœux de leurs groupes.
C'est en s'inspirant de ces indications
que le COMITÉ CENTRAL va rédiger
le programme imposé au candidat.

Ce Comité suprême reprend et pousse
plus à fond l'enquête déjà poursuivie par
les groupes, il mande et interroge le
candidat, il étudie son passé. S'il reconnaît quelque vice rédhibitoire, il avertit
les groupes et les invite à procéder à un
choix meilleur. Le candidat est il irré-
prochable, on présente à son approbation
le programme rédigé par le Comité central. Il doit signer ce programme et, de
plus, *sa démission en blanc*, qui restera
entre les mains du Comité central, de

venu, après le vote, Comité de permanence ou de vigilance, jusqu'à la prochaine élection : alors il est dissous de droit.

Disons tout de suite qu'en cas de manquement grave de la part de l'élu, le Comité central ne prend lui-même aucune initiative. C'est toujours des groupes, convoqués et consultés, que partent toutes les décisions importantes. La caractéristique constante de cette magnifique organisation est précisément de prévenir les usurpations, les influences des personnes ou des coteries, de tout ramener au suffrage universel lui-même, c'est à-dire aux *groupes*.

Lorsque le candidat a heureusement traversé toutes les épreuves, lorsqu'il a signé le programme, le Comité central s'occupe activement de l'élection. Il rédige et signe les appels aux électeurs, il délègue ses membres aux réunions organisées par les candidatures dissidentes, s'il y en a, il fait lui-même des réunions, publiques et privées, pour répondre aux attaques, aux critiques et aux calomnies des comités et des journaux hostiles. En tout et pour tout, il est le ga-

rant du candidat désigné par les électeurs, il se charge des polémiques, de la
distribution des bulletins, de l'apposition
des affiches, il veille aux fraudes, aux
manœuvres, toujours sur la brèche, toujours disposé à parler haut et ferme,
fort du mandat qu'il a reçu, non d'un
groupe, d'un comité spontané, d'un
journal, *mais de la délégation régulière
des électeurs eux-mêmes.*

Limité étroitement sur un seul point,
— le choix du candidat, — il concentre
tous les pouvoirs, il a toutes les lati-
tudes voulues pour assurer le triomphe
du citoyen désigné.

VII

Vers 1872, M. Gambetta, de passage à Lyon, demanda à voir les *électeurs influents* : dans toute autre localité, ce désir eût paru naturel et facile à satisfaire. A Lyon, on ne put lui répondre qu'en lui expliquant l'organisation en vigueur. Les *hommes influents*, s'il en eût existé, auraient été bien empêchés d'exercer leur autorité : allez donc commander à quelque vingt mille groupes !

Nous pensons avoir suffisamment développé, dans cette étude, l'esprit et le fonctionnement de cette organisation. Elle seule peut braver, en temps de trouble et de contrainte, la police des régimes dictatoriaux.

En temps ordinaire, elle seule peut soustraire le suffrage universel à toutes les influences qui le vicient, qui l'induisent en erreur, pour le plus grand profit de quelques misérables ambitions personnelles.

Enfin, cette organisation foncièrement démocratique est encore la seule qui sauvegarde la souveraineté nationale, faussée, sinon confisquée, par le parlementarisme.

L'élu est en rapports permanents avec les électeurs ; à chaque instant, il en reçoit, par l'entremise du Comité de vigilance, d'utiles indications, de précieux avis. Il lui est impossible de se soustraire aux engagements librement acceptés : en cas de défection, le Comité le déclare déchu et lui retire sa confiance.

La législation actuelle ne permet pas de donner à cette décision une sanction immédiate : mais, dans tous les cas, à l'heure de la réélection, le mandataire infidèle, désigné au mépris des citoyens, n'échappe pas à l'expiation finale.

Quelle critique pourrait-on raisonnablement diriger contre l'organisation que nous venons d'exposer ? Sa simplicité, sa puissance, son caractère démocratique, la sûreté de son fonctionnement, malgré toutes les entraves, la sincérité et la permanence dont elle revêt la souveraineté nationale, devenu par elle une réalité, doivent la faire adopter par toute la France républicaine.

Elle s'applique avec une égale facilité aux élections législatives, municipales ou cantonales, elle se plie aussi bien au scrutin de liste qu'au scrutin d'arron·dissement. Elle donne au suffrage universel le moyen de tirer toute sa force de lui-même.

Nous la recommandons aux républicains de Franche Comté. En l'adoptant, ils rétabliront l'union et la discipline du parti, malheureusement divisé, ici comme partout. Avec cette organisation, en effet, les distinctions s'effacent : quand le suffrage universel s'est prononcé lui-même sur le candidat, le devoir de tous est de se ranger à l'avis de la majorité, les minorités ayant eu, pendant la pé·riode préparatoire, toute latitude de défendre leurs vues et leurs candidats.

Les minorités sont d'ailleurs libres de se constituer en comités dissidents et d'engager la lutte avec le Comité central, formé comme nous l'avons indiqué.

Ce dernier étant l'émanation directe des masses électorales, le résultat de la lutte sera rarement douteux. Après quelques échecs, les dissidents, reconnaissant leur impuissance, rentreront dans le giron des groupes, où ils pourront essayer, avec le temps, de faire triompher leurs hommes et leurs doctrines.

CONCLUSION !

Les masses sont aujourd'hui assez rompues à la vie politique, à la pratique du suffrage universel, pour n'avoir plus besoin d'attendre ou de subir les initiatives de quelques-uns.

L'organisation lyonnaise les émancipera définitivement, elle substituera aux influences jusqu'ici prépondérantes l'action du peuple lui-même.

C'est dire que les ambitieux, que les intrigants, qui trouvaient commode et lucratif d'exercer sur le suffrage universel une tutelle incontestée, ne manqueront pas de soulever des objections et des critiques contre l'admirable organisation exposée dans cet opuscule. Ils s'efforceront de décourager les électeurs, de leur démontrer qu'il est inutile de se donner tant de peine pour un résultat nul.

Ceux qui nous ont compris savent que la peine sera minime, que les résultats seront magnifiques. Ils ne seront pas dupes de ces tentatives égoïstes, et, suivant l'exemple de la vaillante démocratie lyonnaise, ils se mettront à l'œuvre et s'occuperont sans retard de jeter les bases de l'organisation, c'est-à-dire de former les groupes primaires.

Le règne des grands électeurs est fini ; il ne doit plus y avoir de bourgs pourris, de meneurs et de *menés*. Ainsi que nous l'avons déjà dit, le suffrage universel doit s'organiser, *s'ordonner*, de façon à tirer toute sa force de lui-même, et rien que de lui-même.

Le propre de l'organisation lyonnaise est de supprimer les importants, les mouches du coche et les prétendus indispensables. Mais cette organisation, fondée sur l'action et le dévouement de TOUS, ne peut exister qu'à la condition que les plus humbles, que les plus obscurs et les plus désintéressés en prendront l'initiative.

En un mot, cette initiative jusqu'ici monopolisée par quelques hommes et quelques journaux, doit passer aux mains des citoyens qui se bornaient à subir les impulsions, à obéir à un mot d'ordre et à se mouvoir sous l'unique force de la discipline.

Il faut donc, et nous terminerons en insistant sur ce point essentiel, capital, que chacun s'intéresse d'une façon active, personnelle à l'organisation proposée.

Il faut que chaque républicain, le plus obscur, le plus pacifique, réunisse autour de lui neuf amis pour former un groupe.

Quel est celui qui ne peut offrir à la Démocratie cette légère perte de temps, cette minime peine ?

Or, c'est précisément de l'union de ces efforts si simples, si faciles, que doit naître l'organisation formidable dont il est question plus haut.

Admettons que, dans le début, il ne se constitue que cent, que cinquante, que vingt groupes ? Qu'importe ? Ces premiers groupes démontreront aux plus apathiques, aux plus incrédules, la facilité de l'organisation. Ils seront déjà par eux-mêmes une force initiale, ayant son indépendance, avec lequelle il faudra compter. L'exemple sera contagieux et gagnera de proche en proche ; en quelques mois le but sera atteint.

Quel splendide stimulant pour les organisateurs des premiers groupes, que l'honneur d'avoir fondé, dans notre Franche-Comté, cette organisation puissante, qui sera l'affranchissement du suffrage universel !

Nous nous tenons à la disposition des citoyens qui auraient besoin de renseignements supplémentaires, et prêchant d'exemple, nous organisons un groupe et nos amis en font autant.

BESANÇON. — IMP. M. ORDINAIRE ET CIE